essentials

Essentials liefern aktuelles Wissen in konzentrierter Form. Die Essenz dessen, worauf es als „State-of-the-Art" in der gegenwärtigen Fachdiskussion oder in der Praxis ankommt. Essentials informieren schnell, unkompliziert und verständlich

- als Einführung in ein aktuelles Thema aus Ihrem Fachgebiet
- als Einstieg in ein für Sie noch unbekanntes Themenfeld
- als Einblick, um zum Thema mitreden zu können.

Die Bücher in elektronischer und gedruckter Form bringen das Expertenwissen von Springer-Fachautoren kompakt zur Darstellung. Sie sind besonders für die Nutzung als eBook auf Tablet-PCs, eBook-Readern und Smartphones geeignet.

Essentials: Wissensbausteine aus Wirtschaft und Gesellschaft, Medizin, Psychologie und Gesundheitsberufen, Technik und Naturwissenschaften. Von renommierten Autoren der Verlagsmarken Springer Gabler, Springer VS, Springer Medizin, Springer Spektrum, Springer Vieweg und Springer Psychologie.

Jörg Hruby • Thomas Hanke

Mindsets für das Management

Überblick und Bedeutung für Unternehmen und Organisationen

Jörg Hruby
FOM Hochschule für Ökonomie
und Management
Essen
Deutschland

Thomas Hanke
Zentrum für Logistik & Verkehr
Universität Duisburg-Essen
Duisburg
Deutschland

ISSN 2197-6708
ISBN 978-3-658-06325-2
DOI 10.1007/978-3-658-06326-9

ISSN 2197-6716 (electronic)
ISBN 978-3-658-06326-9 (eBook)

Die Deutsche Nationalbibliothek verzeichnet diese Publikation in der Deutschen Nationalbibliografie; detaillierte bibliografische Daten sind im Internet über http://dnb.d-nb.de abrufbar.

Springer Gabler

Gedruckt auf säurefreiem und chlorfrei gebleichtem Papier

Springer Gabler ist eine Marke von Springer DE. Springer DE ist Teil der Fachverlagsgruppe Springer Science+Business Media
www.springer-gabler.de

Vorwort

Dieser Beitrag basiert auf dem Buch „Das Global Mindset von Managern" von Jörg Hruby, erschienen 2013 im Verlag Springer Gabler. Es vermittelt einen Überblick zum Thema Mindset und präsentiert aktuelle empirische Forschungsstudien. Das Buch umfasst unter anderem 25 Experteninterviews mit Personalmanagern aus internationalen Unternehmen zu den Themen des Mindset, Global Mindset und dessen Relevanz in der Praxis. Was dieses Essential auszeichnet, ist ein starker theoretischer Bezug zum Themengebiet der kognitiven Strategieforschung und zu dessen Bedeutung für das Management. Der vorliegende Beitrag ist gegenüber dem Buch stark verschlankt und konzentriert sich im Wesentlichen auf kognitionspsychologische Grundlagen, Informationsverarbeitungsansätze sowie Möglichkeiten der Messung und Abbildung von Mindsets.

Inhaltsverzeichnis

Global Mindset und die kognitiven Fähigkeiten von Managern und Organisationen

1

Die Globalisierung der Welt wird von der Politik und der Wirtschaft sowie der Wissenschaft in den letzten Jahren stark diskutiert. Ein Manager des 21. Jahrhunderts benötigt hierfür besondere Fähigkeiten, um in einer zunehmend vernetzten und globalen Umwelt agieren und wirken zu können. Es geht um eine globale Orientierung oder im Englischen ein *Global Mindset*, das gezielt erworben und trainiert werden kann. Der Arbeitsalltag eines (internationalen) Managers findet zunehmend im Flugzeug oder in sogenannten Videokonferenzen mit Kollegen aus allen Teilen der Welt statt. Dabei ist „kulturelles Einfühlungsvermögen" sowie das „Verständnis für andere Kulturen" heutzutage von großer Bedeutung. Jedoch fehlen vielen Unternehmen, egal ob multinationale Player oder Klein- und mittelständische Unternehmen, die richtigen Personen mit den richtigen Fähigkeiten, die zur richtigen Zeit am richtigen Ort sind, um dem großen Konkurrenzkampf am Markt gewachsen zu sein. Manager müssen eine globale Denkstruktur, ein Global Mindset entwickeln, das als Erfolgsfaktor für die Unternehmen identifiziert werden kann. So müssen in der heutigen dynamischen Geschäftswelt Manager in der Lage sein, mit zahlreichen unterschiedlichen Graden an Mehrdeutigkeit und Diversität umzugehen.

Manager müssen heutzutage das geeignete Wissen über verschiedene soziokulturelle Systeme und Institutionen besitzen und mithin die intellektuelle und kognitive Kapazität, die hohen Komplexitätsgrade zu absorbieren, mit Unsicherheit und Ambiguität umzugehen, sich in anderen kulturellen Kontexten zu bewegen und Menschen und Prozesse an verschiedenen Orten zu koordinieren. Manager müssen eine Offenheit mitbringen, die es ihnen erlaubt, ein globales Mindset aufzubauen, zu fördern und zu entwickeln. Die Entwicklung eines Global Mindset ist daher notwendig, um als Unternehmen am komplexen globalen Markt effektiv gegen Mitbewerber konkurrieren zu können, einen Wettbewerbsvorsprung zu generieren und somit erfolgreich in der Internationalisierung zu sein.

J. Hruby, T. Hanke, *Mindsets für das Management*, essentials,
DOI 10.1007/978-3-658-06326-9_1, © Springer Fachmedien Wiesbaden 2014

2 Mindset?

In der bestehenden Literatur existiert eine Vielzahl an unterschiedlichen Begrifflichkeiten, um ein „Mindset" bzw. eine „mentale Struktur", „Kognitionsstruktur"[1] oder „kognitive Struktur" adäquat zu definieren. Im Englischen finden sich meist Begriffe wie „cognitive maps", „mindset", „mental models" oder „belief structures". Diese Begriffe haben ihren Ursprung in der Kognitionspsychologie. Ein gemeinsamer Nenner dieser Begrifflichkeiten besteht darin, dass jeder Akteur bzw. Manager seine Umwelt bzw. Realität in „vereinfachter" Form abbildet. Das bedeutet, dass die kognitive Aktivität wie z. B. das Wahrnehmen und Denken über ein Informationsgebiet auf einer strukturhaften Repräsentation des Wissens beruht, welches hier als „Mindset" definiert wird. Nehmen wir an, Sie interessieren sich für Fußball und den Verein Bayern München und nun kann man Ihnen entlocken, was Sie alles über den Verein wissen, welche Vorurteile Sie haben und wie Sie den Verein wahrnehmen. Dies ist wahrscheinlich sehr subjektiv und selektiv, aber genau darum geht es. Sie können jetzt ergründen, wie dieses Mindset bei Ihnen entstanden ist, welchen Bezug Sie zum Thema Fußball haben und welche Bedeutung dieser Verein für Sie einnimmt. Doch dies soll hier nicht weiterverfolgt werden.

Nehmen wir nun das Beispiel der Internationalisierung Ihres Unternehmens. Die Bedeutung, welche die Internationalisierung für Sie oder Ihr Unternehmen hat, bestimmt zukünftige Entscheidungen und auch Konsequenzen Ihres Handelns. Wie nehmen Sie die Chinesen wahr und wie interpretieren Sie deren Verhalten? Das bedeutet, wenn Sie zum Beispiel Entscheidungen bezüglich des Markteintritts nach China planen, basiert dies primär auf Ihren Erfahrungen und persönlichen Bedeutungen.

[1] Vgl. Hruby (2009).

J. Hruby, T. Hanke, *Mindsets für das Management*, essentials,
DOI 10.1007/978-3-658-06326-9_2, © Springer Fachmedien Wiesbaden 2014

In der Entscheidungsforschung gibt es eine Vielzahl an sogenannten Heuristiken und Beschränktheiten bzw. Abkürzungen, um möglichst schnell eine Entscheidung zu treffen. Welche Sie in Ihrem Kontext anwenden, können nur Sie beantworten. Die bekanntesten Autoren zu diesem Thema sind wohl Tversky und Khaneman, die auch den Nobelpreis erhalten haben. Das heißt, Sie können nicht alle Informationen zu dem Thema Internationalisierung und den Markteintritt nach China einholen. Sie gehen dementsprechend selektiv vor und bestätigen Ihr Mindset, welches Sie über die Chinesen haben.

Man unterscheidet in der Literatur demnach, ob ein Mindset nach dem Inhalt oder der Struktur betrachtet werden kann. Der *Inhalt eines Mindset* besteht aus den Dingen, die eine Person über ein Thema weiß, wie sie über das Thema denkt, was sie über das Thema annimmt und glaubt. Mit anderen Worten bezieht sich der Inhalt eines Mindset auf das Wissen und die Annahmen, die eine Person zu einem Kontext (hier: Internationalisierung) mit sich bringt. Mit Bezug zur Struktur des Mindset stellt der kognitive Inhalt insgesamt eine Vorbedingung („antecedent") dar. Walsh beschreibt,[2] dass die Erforschung des Inhalts des Mindset erforderlich und wichtig ist, um die Struktur des Mindset zu untersuchen, weil man dieses nicht untersuchen kann, ohne zuvor die Informationswelt, welche durch diese repräsentiert wird, identifiziert zu haben. Das bedeutet, dass der kognitive Inhalt (Mindset-Inhalt) und die kognitive Struktur (Mindset-Struktur) eng miteinander verbunden sind und die Handlungen und Entscheidungen der Manager maßgeblich steuern.

Hingegen bezieht sich die *Struktur des Mindset* auf die Prinzipien, wie der kognitive Inhalt angeordnet ist. Einige Autoren verteidigen ihr Interesse an der Erforschung der Struktur des Mindset, indem sie argumentieren, dass es sehr schwierig ist, vollständig zu verstehen, was der Inhalt eines Mindset für ein Individuum bedeutet, und dass es wichtig ist zu erkennen, wie dieser Inhalt angeordnet wird. Es wird gemäß der Kognitionspsychologie angenommen, dass die Struktur des Mindset aus Kategorien, Konstruktsystemen, Kausalstrukturen sowie Skripten besteht. Der Schwerpunkt dieses Beitrags wird auf *Kategorien* gelegt, weil diese leichter zu elizitieren sind als bspw. die tiefer liegenden Konstruktsysteme, Kausalsysteme sowie Skripte. Kategorien werden aufgrund von Ähnlichkeiten der Attribute gebildet bzw. entwickelt. Anders ausgedrückt, Kategorien stellen Gedanken dar, die hierarchisch organisiert sind. Sie werden von Managern benutzt bzw. angewendet, um deren Gedanken bzgl. strategischer Situationen, Ziele und Handlungen zu ordnen. Beispielsweise äußern sich Stevenson/Radin, dass insbesondere die Position des Managers innerhalb der Unternehmung einen Unterschied macht,

[2] Vgl. Walsh (1995).

wie die Information kategorisiert wird und wie die Informationskategorien im Mindset der Individuen verankert sind. Weiter ist es schwer vorzustellen, wie Menschen intelligent funktionieren könnten, ohne brauchbare Kategorien entwickelt zu haben. Wenn Gedanken jedes Mal neu abgeleitet würden, anstatt durch Kategorien geordnet zu sein, würden die menschliche Wahrnehmung und das Gedächtnis schnell an die Grenze ihrer Leistungsfähigkeit kommen.

2.1 Bestandteile und Funktionen des Mindset

Wrona[3] verweist darauf, dass das Mindset den Vollzug höherer geistiger Tätigkeiten wie Sprechen oder Verstehen erfüllt. Im Kern besteht das Mindset aus Propositionswissen und schematischem Wissen. Propositionswissen ist das Wissen in Eindrücken oder Emotionen und das schematische Wissen ist das Wissen, welches aus der Erfahrung abstrahiert wird. Anders ausgedrückt: Das Mindset legt fest, wie Individuen bestimmte Informationen aufnehmen, speichern, transformieren und wieder abrufen. Des Weiteren wird argumentiert, dass sich das Mindset aus nicht sichtbaren, hierarchisch komplexen „*Komponenten*" zusammensetzt. Darunter sind z. B. die Einflussfaktoren des Mindset wie Werte, Ziele, Motive, Wünsche, Normen (Regeln, Regelungen, Prinzipien, Maximen), Attitüden (Einstellungen), Faktenwissen sowie Annahmen zu Zusammenhängen der Realität (Überzeugungen zu Ursachen- und Wirkungszusammenhängen) gemeint, die die Manager im Laufe ihrer Erfahrung über ein repräsentatives Gebiet (hier: der Internationalisierung) entwickelt und gesammelt haben. Abbildung 2.1 zeigt die Bestandteile eines Mindset.

Das Mindset kann dem Handelnden bewusst oder unbewusst sowie explizit oder implizit vorliegen. Bestimmte Komponenten des Mindset wie z. B. Faktenwissen liegen an der Oberfläche und sind relativ leicht veränderbar. Grundlegende Werte, Motive, Normen und Überzeugungen – die den Kern der Persönlichkeit bilden – sind kaum oder nur langfristig veränderbar. Das Mindset wirkt nicht nur vereinfachend auf die Verarbeitung von Informationen, sondern es füllt auch Lücken auf der Grundlage vorliegender Erfahrungen. Markus/Zajonc[4] vertreten die Ansicht, dass das Mindset drei wichtige *Funktionen* erfüllt:

[3] Vgl. Wrona (2008).

[4] Vgl. Markus und Zajonc (1985).

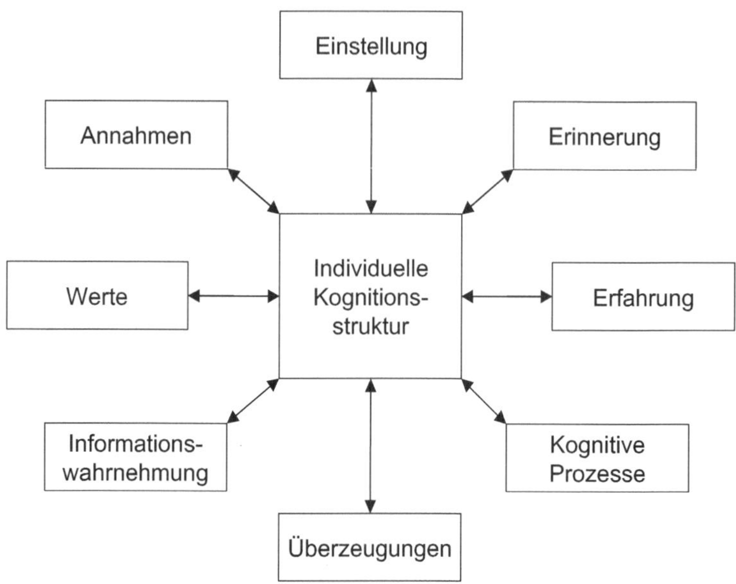

Abb. 2.1 Bestandteile des Mindset (individuelle Kognitionsstruktur). (Quelle: eigene Darstellung)

1. Mindsets steuern bzw. lenken die Wahrnehmung und die Aufmerksamkeit, indem sie auf bereits bestehende Mindsets rekurrieren.
2. Das Mindset steuert Informationen bzw. Fakten, die sich auf bekannte Mindsets beziehen. Diese Informationen werden bevorzugt und leichter verarbeitet bzw. abgerufen.
3. Das Mindset dient als Grundlage zur Bewertung, Interpretation und Erwartung von Informationen.

2.2 Nachteil des Mindset

Andererseits können Mindsets auch dafür sorgen, dass das Verständnis des Entscheidungsträgers über die Informationsumwelt begrenzt wird, und somit auch das strategische Entscheidungsverhalten sehr einschränken. Das Mindset kann den Akteur bei Entscheidungsproblemen z. B. für wichtige Änderungen in der Umwelt „blind“ machen, was dann zu fehlerhaften Entscheidungen führt. Des Weiteren kann das Mindset stereotypes Denken fördern, was zu kaum kontrollierten Informationsprozessen bzw. zum Befüllen der Datenlücken durch typische, aber inakkurate Informationen führen kann. Daraus folgt u. a. das Ignorieren diskrepanter und möglicherweise wichtiger Informationen oder auch die Verhinderung kreativer Problemlösungen. Die Konsequenzen werden in der Literatur als „blinde Flecken, kollektive strategische Kurzsichtigkeit, selektive Wahrnehmung, Tunnelvision und kalibriertes Denken" bezeichnet.

2.3 Zugrunde gelegtes Verständnis von Mindset

Entsprechend den vorherigen Ausführungen lenkt das Mindset insbesondere bei Entscheidungsprozessen die Aufmerksamkeit und Wahrnehmung auf bestimmte interne und externe Reize und ermöglicht dadurch das Erkennen von Problemen und die Suche nach weiteren Informationen bzw. Lösungen. Des Weiteren kann das Mindset den Fakten „Sinn" und „Bedeutung" geben und „interpretative Schemata" bei der Entwicklung strategischer Entscheidungsprozesse bereithalten. Insgesamt kann konstatiert werden, dass die *Regeln der Vergangenheit* (schematisches Wissen), die im Mindset verankert sind, *die aktuellen Handlungen sowie das Verhalten der Akteure in der Zukunft maßgeblich bestimmen*. Kurz gesagt, ist das Mindset mit dem organisatorischen und individuellen Handeln verbunden. Das Mindset vereinfacht die Informationsverarbeitung und das strategische Entscheidungsverhalten stark und selektiert offenbar irrelevante Umwelt-Informationen aus.

Wie erwähnt, ist es sinnvoll, den Inhalt des Mindset zu elizitieren. Es wird angenommen, dass der Inhalt eines Mindset sich in Schritten entwickelt und „pfadabhängig" ist. Die Pfadabhängigkeit bedeutet z. B., dass individuelle, funktionale, professionelle, nationale, kulturelle sowie soziale Faktoren eine wichtige Rolle in der *Mindset-Entwicklung* spielen. Der Gebrauch bzw. die Nutzung eines Mindset ist immer situativ. Diese wird über die Zeit anhand von Erfahrungen geformt, welche jeweils im Langzeitgedächtnis abgespeichert werden. Poole et al.[5] unterscheiden *indirekte Erfahrungen*, die durch Geschichten, Mythen bzw. Rollenmodelle angeeignet werden. Möglichkeiten der *direkten Erfahrungen* gestalten sich durch in vergleichbaren Situationen erworbenes Wissen, Lernen, Training, Karrierehintergründe, Arbeits- bzw. Berufserfahrung, Ausbildungshintergrund, Familienleben und durch direkte Kommunikation mit anderen. Abschließend soll kurz auf Sparrow[6] eingegangen werden, der die Bemerkung macht, dass ein geeignetes Mindset über ein repräsentatives Gebiet die Fähigkeit des Managers impliziert,

[5] Vgl. Poole et al. (1990).

[6] Vgl. Sparrow (1999).

- an den bedeutsamen Ereignissen in der Umgebung teilzunehmen,
- die Informationen effektiver zu dekodieren und abzurufen,
- angemessenere und genauere Interpretationen vorzunehmen und
- Probleme schneller zu lösen.

Für das Management scheint es daher bedeutsam zu wissen, wie die Mindsets ihrer Mitarbeiter aussehen.

Kognitionspsychologische Grundlagen 3

In der kognitiven Strategie- und Managementforschung (Managerial und Organizational Cognition-Forschung) gibt es eine Vielzahl an heterogenen Ansätzen, wobei die zentrale und einheitliche Annahme dieser Ansätze darin besteht, dass Prozesse der Informationsverarbeitung festlegen, wie sich ein Individuum verhält. Vor diesem Hintergrund wird das Verhalten von Individuen durch Prozesse der Informationsgewinnung, -verarbeitung und -übermittlung bestimmt. Individuen (Manager) werden als *„informationsverarbeitende Systeme"* betrachtet. In diesem Zusammenhang sind Manager zumeist damit beschäftigt, die riesige Menge an (Daten-)Informationen zu absorbieren und ihnen „Sinn" zu verleihen, indem sie die kognitiven Aktivitäten reduzieren, die benötigt werden, um der Informationsflut zu begegnen. Dadurch wird aus Sicht der Akteure versucht, möglichst effektive Entscheidungen und Probleme in einer angemessenen Zeit zu lösen. Dies erfordert ein hohes Maß an Selektion.

3.1 Informationsverarbeitung – top-down oder bottom-up?

Walsh[1] führt aus, dass Menschen (Manager) im Allgemeinen zwei Strategien zur Informationsverarbeitung verfolgen. Es wird zwischen dem Top-down- und dem Bottom-up-Informationsverarbeitungsansatz unterschieden.

Der *Top-down-Informationsverarbeitungsansatz* geht davon aus, dass die Art und Weise, wie Individuen handeln, davon abhängt, wie sie ihre Umwelt bzw. umgebende Informationswelt wahrnehmen. Die wahrgenommene Umwelt wird von

[1] Vgl. Walsh (1995).

J. Hruby, T. Hanke, *Mindsets für das Management*, essentials,
DOI 10.1007/978-3-658-06326-9_3, © Springer Fachmedien Wiesbaden 2014

den vergangenen Erfahrungen und Lernprozessen gestaltet bzw. gelenkt. Wichtige vergangene Erfahrungen werden im Langzeitgedächtnis abgespeichert, welche dann die individuellen Antwortmöglichkeiten in gegenwärtigen Situationen oder auf Stimuli determinieren. Handlungen, die bereits in der Vergangenheit funktioniert haben, werden routiniert auf die Gegenwart angewendet, vor allem um mentale Kapazitäten freizusetzen. D. h., der Top-down-Ansatz unterstellt, dass Individuen Mindsets schaffen, um während des Informationsprozesses Entscheidungen (schneller) treffen zu können. Diese Mindsets unterstützen die Manager dabei, neuen Informationen zu begegnen, sie zu entschlüsseln und intelligente Ableitungen bzw. Querverbindungen herzustellen. Mit anderen Worten, der Informationsprozess ist dadurch charakterisiert, dass bestehendes Wissen in großer Masse die Interpretation von neuen Situationen bzw. Reizen (Stimuli) beeinflusst. Diese Informationsverarbeitung birgt Vor- und Nachteile in sich:

1. Der Vorteil besteht darin, dass sie sich wie ein „Kopiermechanismus" an neuartige Unsicherheitsbedingungen anpasst und somit insgesamt sehr effizient und effektiv mit der Reizverarbeitung und Problemlösung umgeht.
2. Der Nachteil ist hingegen, dass diese Mindsets Interpretationen der Stimuli einschränken, was zu einer restriktiveren (chronischen) Wahrnehmung und zu einem verlangsamten bzw. erschwerten Lernvorgang führt. Ein weiterer Nachteil entsteht z. B., indem Daten aus der Umwelt, die das Mindset bestätigen, selektiver wahrgenommen werden als andere Daten.

Der *Bottom-up-Informationsverarbeitungsansatz* tritt ein, wenn einkommende Umweltstimuli die Kognition und Handlungen der Manager direkt beeinflussen, ohne auf vergangene Erinnerungen (bzw. Mindsets) zu rekurrieren. Dies gilt zu jedem Zeitpunkt, zum einen indem das Individuum Informationen zu den Fakten hinzufügt (z. B. vorherige Erwartungen bestimmen die Erfahrungen) und zum anderen aufgrund der Besonderheit der aktuellen Stimuli im spezifischen Kontext (z. B. Kontextähnlichkeiten). Dies bedeutet, dass gegenwärtige oder neuartige Informationskontexte sich maßgeblich auf den Informationsverarbeitungsprozess der Manager auswirken und dabei das derzeitige Mindset im Sinne eines Lernprozesses weiterentwickelt wird.

Es bleibt festzuhalten, dass Bottom-up- und Top-down-Informationsverarbeitungsansätze von den Managern ständig angewendet werden und sich in einer Balance befinden. Die kognitive Strategie- und Managementforschung (MOC) unterstellt jedoch bei strategischen Entscheidungsprozessen bzw. der Lösung komplexer Probleme zumeist die theoriegetriebene Top-down-Verarbeitung, weil der Kontext, in dem die Senior Manager agieren, überwiegend durch begrenzte

Aufmerksamkeit und begrenzte Informationsverarbeitungskapazitäten bestimmt wird und daher eine dominante Reaktion in zumeist allen neuartigen gefundenen Situationen erzeugt wird.

3.2 Kognitive Strategie- und Managementforschung – Managerial and Organizational Cognition

Die betriebswirtschaftliche Mindset-Forschung wird in der Managerial und Organizational Cognition-Perspektive (MOC) verankert. Die kognitive Strategie- bzw. Managementforschung (MOC) hat sich aus den Forschungsgebieten der Sozialpsychologie, der Kognitionspsychologie sowie aus den Vorläufern der bedingtrationalen Entscheidungstheorieperspektive als eigenständiges Forschungsfeld seit den 1980er Jahren etabliert. Auf diese Forschungsgebiete wird im Folgenden kurz eingegangen.

3.2.1 Entwicklung der kognitiven Strategie- bzw. Managementforschung

Die *Kognitionspsychologie* entwickelte sich aus der Reaktion (Abwehr) gegen den Behaviorismus, der von Begründern wie z. B. Skinner[2] eingeführt wurde. Die Behavioristen nehmen an, dass das gesamte menschliche Verhalten (simplifizierend) auf der Beziehung von Reiz und Reaktion basiert, das menschliche Verhalten also durch die Umwelt determiniert wird. Sie unterstellen, dass das Verhalten nur durch Beobachtung erschlossen werden kann. Dagegen wird kritisch angemerkt, dass die behavioristischen Konzepte beispielsweise Wahrnehmung, Aufmerksamkeit und die Funktion des Gedächtnisses, worauf sich der vorliegende Beitrag schwerpunktmäßig bezieht, nicht hinreichend untersuchen. In der Praxis werden die Stimulus-Response-Theorien nur auf relativ einfache Gegenstände bzw. Verhaltensweisen angewendet. Vor diesem Hintergrund wird der Behaviorismus zugunsten der Kognitionspsychologie verworfen, welche auch *die intra-psychischen Vorgänge* während eines Entscheidungsprozesses erklären bzw. nachvollziehen kann. Gegenüber den zentralen theoretischen Grundsätzen des Behaviorismus wird der Schwerpunkt der Kognitionspsychologen bzw. Kognitionswissenschaftler auf die Analyse verschiedener intervenierender mentaler kognitiver Prozesse gelegt, die sich mit der Umwelt im Konkreten beschäftigen.

[2] Vgl. Skinner (1938).

Kognitiv ausgerichtete Studien gehen dementsprechend davon aus, dass der Mensch nicht mechanistisch auf Umweltreize reagiert, sondern *innere kognitive Prozesse* und *Mindsets* das Verhalten bestimmen. Bekannte Kognitionspsychologen wie Fiske/Taylor[3] schlagen vor, die Frage, wie Individuen ihrer Welt Sinn verleihen und wie sie handeln, auf der Basis ihres Mindset zu erklären. Um das Verständnis der komplexen mentalen Prozesse und ihrer Umweltstimuli zu erhöhen, sollten diese in eine Sequenz von Aktivitäten eingeteilt werden, die zahlreiche Funktionen erfüllen, also z. B. Wahrnehmungs- und Sinnesprozesse enthalten und Gedächtnis (Arbeits- und Langzeitgedächtnis) sowie Entscheidungsverhalten beeinflussen, das in der Ausführung in einer Antwortmöglichkeit kulminiert. Obwohl sehr vereinfacht dargestellt, ermöglicht der kognitive Ansatz ein Modell, das die essentiellen Prozesse der menschlichen Kognition beschreibt. Diese kognitiven Modelle sind wichtig, weil sie präzise die Mechanismen (wie z. B. Lernen und Denken) erklären, welche in diesem Beitrag ihre Anwendung insbesondere mit Bezug zu Mindsets finden. Im Gegensatz zur späteren Sozialpsychologie hat die Kognitionspsychologie sehr früh Methoden zur Messung und Analyse psychologischer Prozesse im Individuum bzw. im „Kopf" des Individuums entwickelt.

Die *Sozialpsychologie* hat die wissenschaftliche *Erforschung der sozialen und kognitiven Prozesse* zum Gegenstand. Ihr Fokus liegt auf der Frage, wie Individuen sich selbst wahrnehmen, sich gegenseitig beeinflussen und zueinander in Beziehung stehen. Vereinfacht ausgedrückt: *„how people understand and interact with others"*[4]. Speziell in Organisationen bzw. Unternehmen kann beobachtet werden, wie Menschen zusammen arbeiten und miteinander interagieren. Aus Sicht der Sozialpsychologie bestimmen kognitive Prozesse, also Erinnerungen, Wahrnehmungen, Gedanken, Emotionen und Motivationen, auf welche Weise der Mensch die Welt versteht, und beeinflussen das künftige Handeln.

Die kognitive Revolution hielt in den 1960er und 1970er Jahren auch in die Sozialpsychologie Einzug. Vorweg ist jedoch anzumerken, dass Sozialpsychologen immer schon eine kognitive Sichtweise vertreten haben, wonach der Denker auf den wahrgenommenen Stimulus reagiert und eine substantielle kognitive Antwort generiert.

Die *Soziale Kognitionspsychologie (Social Cognition)* als ein Zusammenschluss von mehreren verschiedenen Theorien und theoretischen Ansätzen beschäftigt sich damit, *„how people make sense of other people and themselves"*. Insbesondere Gilbert et al.[5] treffen die Aussage, dass kognitive Prozesse dafür verantwortlich

---

[3] Vgl. Fiske und Taylor (1991).

[4] Vgl. Smith und Mackie (2007).

[5] Vgl. Gilbert et al. (1998).

sind, wie Menschen sich selbst und andere verstehen. Daher wird argumentiert, dass der Analyse von kognitiven Prozessen (Informationsakquirierung, Informationsrepräsentanz und Informationsretention) das Verständnis zugrunde liegt, wie soziales Verhalten und seine vermittelnden Faktoren zustande kommen. Sims, ein bekannter Managementvertreter in den 1980er Jahren, überträgt die *soziale Kognitionstheorie* auf das *Organisations- bzw. Unternehmensumfeld* und definiert die organisationale soziale Kognition als „*the study of human information processing (both conscious and unconscious) as it influences, and is influenced by, the complex social and structural phenomena within the modern organization*“[6]. Konkret wird bei ihm untersucht, wie Menschen über die soziale Welt denken („*how they think about the social world*“). Insgesamt beschäftigt sich die soziale Kognition mit der Betrachtung von Einstellungen und Wahrnehmungen in kleinen Gruppen. Vor diesem Hintergrund bildeten die Erkenntnisse und Theorien der „Social Cognition“, die später auf den organisatorischen Kontext übertragen worden sind, die Grundlage für die kognitive Strategie- und Managementforschung bzw. die MOC, welche im nachfolgenden Gliederungspunkt theoretisch systematisiert wird.

3.2.2 Abgrenzung der Managerial und Organizational Cognition

Seit dem Ende der 1980er Jahre existiert in der *kognitiven Strategie- und Managementforschung* – der MOC – eine Vielzahl an heterogenen Ansätzen, Theorien sowie losen Sammlungen empirischer Forschungsarbeiten, die sich trotzdem zu einer eigenständigen Denkschule zu entwickeln scheint.

Stubbart[7] hat als Erster die kognitive Perspektive in die Theorie und Praxis des Strategischen Managements eingeführt. Er stellte damals fest, dass die kognitive Strategieforschung ein fehlendes Bindeglied („missing link“) zwischen den *Umweltbedingungen* und dem *strategischen Handeln* darstellt. Er legte den Schwerpunkt seiner Betrachtung auf das Mindset und kognitive Prozesse, die dem strategischen Handeln und Entscheiden im Unternehmen vorausliegen. Als übergeordnete Gemeinsamkeit der kognitiven Strategieforschung bzw. der MOC wird angenommen, dass es *Prozesse der Informationsverarbeitung* sind, die festlegen, wie sich ein Individuum verhält. Dabei ist von besonderem Interesse, warum bestimmten Informationen eine *strategische Bedeutung* („strategic cognition“) zugeschrieben

[6] Vgl. Sims (1986).

[7] Vgl. Stubbart (1989).

wird, weshalb diese dann weitergehend zu strategischen Handlungen führen, während hingegen anderen Informationen weniger Beachtung geschenkt wird. Des Weiteren ist ein einheitliches Merkmal der kognitiven Ansätze die Erkenntnis, dass das Individuum seine Realität aufgrund idiosynkratischer Wahrnehmungs- und Denkmechanismen subjektiv konstruiert und gleichzeitig der Begrenztheit der menschlichen Informationsverarbeitungskapazität unterliegt. In ihrem Kern bezieht sich der MOC-Ansatz auf kognitive Modelle, die die Handlungen der Manager in den Mittelpunkt der Betrachtung stellen.

Hodgkinson/Sparrow[8] versuchen, die *fundamentalen Annahmen und Hauptprinzipien der MOC Perspektive* zu subsumieren:

1. Individuen sind in ihrer Informationsverarbeitungsfähigkeit, die Komplexität und Diversität der Umweltstimuli wahrzunehmen, begrenzt.
2. Daraus folgt, dass sie eine Strategievielfalt anwenden, um die Informationsprozesse zu reduzieren, welche anderenfalls entstehen würden.
3. Diese kulminiert in der Entwicklung einer vereinfachten Repräsentanz der Realität (= Mindset), welche in der Psyche des Individuums verschlüsselt bzw. verankert ist.
4. Einmal entworfen, fungieren die Mindsets als „Filter", welche durch einfließende Informationen anschließend verarbeitet werden und wiederum zu voreingenommenen und
5. fehlerhaften Entscheidungen führen können, jedoch unter bestimmten Bedingungen die Basis für kreative Ideen und neue Erkenntnisse darstellen können.

3.2.3 Organizational Cognition

Grundsätzlich beschränkt sich die Kognition auf ein Individuum, doch gibt es Studien, die besagen, dass auch eine Organisation bzw. ein Unternehmen kognitive Fähigkeiten besitzen kann. Die *Organizational Cognition* nimmt eine stärkere sozialkonstruktivistische oder auch systemtheoretische Sichtweise ein, wobei die Kognition auf kollektiver, d. h. auf Gruppen- bzw. Organisationsebene erhoben wird. Schneider/Angelmar[9] versuchen zu definieren, *„what is organizational about cognition and what is cognitive about organizations"*. Sie erklären organisationale Kognition mit folgender rationaler Gleichung:

---

[8] Vgl. Hodgkinson und Sparrow (2002).

[9] Vgl. Schneider und Angelmar (1993).

1. Menschen denken (i. S. der Kognitionspsychologie),
2. Manager sind Menschen (i. S. des Verhalten in Organisationen),
3. daher müssen Manager denken (i. S. von Managerial Cognition).
4. Manager haben es mit Denkprozessen in Organisationen zu tun, weil sie in sortierte organisatorische Aufgaben eingebettet sind (wie z. B. Entscheidungsverhalten, strategische oder andere Verhandlungen, Leistungsbewertung), welches dann als *Kognition von Organisationen* verstanden werden kann.

Im Unterschied zu Schneider/Angelmar schlagen Walsh/Ungson[10] den Begriff des „Gedächtnissystems" („organizational memory") anstatt der organisationalen Kognition vor. Ihnen zufolge bezieht sich das Organisationsgedächtnis auf die abgespeicherte Information der Organisationsgeschichte, welche auf gegenwärtige Entscheidungen übertragen werden kann. Kognitive Organisationskonstrukte stellen z. B. die Organisationskultur, Ideologien, Routinen, stillschweigendes und explizites Organisationswissen dar.

Nach Thomae[11] versucht die *kognitive Organisationsforschung* allgemein die *Kognitionsfähigkeit von Organisationen* zu erklären und nähert sich ihrem Erkenntnisobjekt ebenfalls, indem sie organisationale Kognition hinsichtlich Struktur und Prozess untersucht. Dabei können Mindsets auch auf Gruppen sowie Organisationen bezogen werden. Diese entsprechen dem organisationalen Wissen. Einige Autoren meinen, dass sich organisationales Wissen bspw. in Zielen, Strategien, Managementsystemen, Routinen oder Methoden niederschlägt, da in diesen Elementen Wissen über Fakten, Begriffe, Werte oder zielführende und als wünschenswert erachtete Maßnahmen enthalten sind. Laut Walsh kann organisationales Wissen in folgenden Formen existieren:

- Neben dem individuellen Wissen der Organisationsmitglieder gibt es in Organisationen kollektives Wissen in Form gemeinsam geteilter Wirklichkeitskonstruktionen.
- Dieses organisationale Wissen stellt eine eigene Realität dar; es besteht neben den tatsächlichen Handlungen einer Organisation (in Form von Produkten, Strukturen und Prozessen).
- Die Wirkung organisationalen Wissens liegt darin, dass es die Handlungen einer Organisation ‚gedanklich' vorstrukturiert.
- Organisationales Wissen entwickelt sich im Rahmen von kollektiven Lernprozessen, indem Informationen über Handlungen kommuniziert und im Diskurs interpretiert werden.

---

[10] Vgl. Walsh und Ungson (1991).

[11] Vgl. Thomae (2008).

Mindsets sind in einer Organisation oft fest verankert und nur schwer identifizierbar. Aus diesem Grund erweisen sie sich oft als Bremser des Wandels im Zuge einer Reorganisation. Deshalb ist ein Verständnis für den Auf- und Abbau von Mindsets, also deren Entwicklung („development") essentiell, wenn sie bewusst verändert werden sollen. Ein Beispiel für einen kognitiven Prozess auf der organisationalen Ebene ist organisationales Lernen. Probst und Büchel[12] beschreiben dieses folgendermaßen: Ähnlich wie beim Individuum, das im Laufe der Zeit kognitive Muster entwickelt, welche die Wahrnehmung und Interpretation von Informationen beeinflussen, entwickeln Organisationen über interaktive Prozesse kognitive Mindsets. Organisationales Lernen ist eine unternehmenseigene Größe, die sowohl quantitativ als auch qualitativ verschieden von der Summe des individuellen Lernens ist. Es erfolgt über Einzelpersonen und deren Interaktionen, die allerdings in diesem Zusammenspiel ein verändertes Ganzes mit eigenen Fähigkeiten und Eigenschaften bilden. Auch bei kognitiven Prozessen auf der organisationalen Ebene können Defekte auftreten, wenn z. B. über vorhandene Informationssysteme nur ein bestimmter Bereich abgedeckt wird, der auf aktuelle Aktivitäten fokussiert ist.

3.2.4 Managerial Cognition

Eden/Spender[13] definieren *Managerial Cognition (MC)* als die Forschungsinhalte, die eine kognitive Perspektive annehmen, um zu verstehen, *wie Individuen ihre Umwelt wahrnehmen und konstruieren.* Darunter fallen Forschungen, die sich auf Themen wie z. B. selektive Wahrnehmungen und Agendaabstimmung („agenda setting"), kognitive Verzerrungen und Heuristiken in der Strategieformulierung, strategische Entscheidungsprozesse an sich sowie Informationsverarbeitungsprozesse konzentrieren. Insbesondere Stubbart legte sehr früh fest, dass die *MC-Perspektive* jede Aktivität im Entscheidungsprozess untersucht, wie z. B. bei der Zielformulierung, Umweltanalyse, Strategieformulierung, der Bewertung und der Strategieimplementierung. Dieser Beitrag beschäftigt sich konkret mit dem Thema Mindset und es wird auch vermutet, dass verschiedene kognitive (mentale) Prozesse die Antworten aus der Umwelt über interpretative kognitive Prozesse herbeiführen und in der Tat das individuelle (internationale) Verhalten beeinflussen. Gemäß Eden/Spender erscheint es angemessen, die MC-Perspektive zu verfolgen, weil diese die Bedeutung und Interpretation, die Individuen internationalen Events und Handlungen zuschreiben, anschaulich darstellt.

[12] Vgl. Probst und Büchel (1998).

[13] Vgl. Eden und Spender (1998).

Dieser Beitrag verfolgt die Sichtweise, dass *Kognitionen im Individuum und in der Organisation* verankert sind. Zusammenfassend ermöglicht eine kognitive Perspektive, wonach nicht nur Individuen, sondern auch Organisationen die Fähigkeit wahrzunehmen, zu erkennen und zu denken besitzen, dass deren kognitive Prozesse und Mindsets einen signifikanten Einfluss sowohl auf individuelles als auch auf organisationales Handeln (Ausführen einer Unternehmensstrategie) ausüben.

3.3 Entschlüsselung des Mindset

3.3.1 Erhebungsmethoden der Managerial Cognition

In der kognitiven Managementforschung existieren mehrere Erhebungs- bzw. Messmethoden, um (individuelle) Mindsets und kognitive Prozesse zu entschlüsseln. Eine komplette Übersicht mit Vor- und Nachteilen der jeweiligen Methoden liegt außerhalb des Rahmens dieses Beitrags. Die Entschlüsselungsmethoden reichen von der Repertory-Grid-Methode über Tiefeninterviews bis hin zum klassischen Fragebogen bzw. von Clusteranalysen über multidimensionale Skalierung bis zur qualitativen bzw. quantitativen Inhaltsanalyse und sogar zur Grounded Theory. Wrona weist darauf hin, dass einige Untersuchungen einen *Methodenmix* an quantitativen und qualitativen Erhebungs- bzw. Auswertungsmethoden benutzen. Wiederum andere Studien verwenden experimentelle Verhaltensbeobachtungen im Labor, computergestützte Simulationen sowie Erhebungen und Interventionen, die im Rahmen von Managementworkshops bzw. in der Unternehmensberatungspraxis durchgeführt werden. Insbesondere Colin Eden von der Strathclyde Universität führt solche Managementworkshops durch und für den interessierten Leser gibt es auch Analyseprogramme, um die Mindsets abzubilden. Stellungnahmen diverser Forscher deuten darauf hin, dass sich bisher noch keine Methodik als „Standard" durchgesetzt hat, um Kognitionen zu erheben. Es bieten sich zum einen *Selbstbeurteilungen* an wie zum Beispiel die Repertory-Grid-Methode, Mittel-Zweck-Analysen, Objektsortierung, paarweise Gegenüberstellung, „Self-Q-Technique"- und „Policy-Capturing"-Prozeduren. Auf der anderen Seite kann das Mindset auch durch *interaktive Reports* auf der Interaktion des Forschers mit dem Untersuchungssubjekt (Manager) erhoben werden: Methodiken wie z. B. die *kognitiven Landkarten*, Grounded-Theory-Ethnografie, strategische Flächenannahmetechnik, unstrukturierte Interviews, halbstrukturierte Interviews oder ein halbstrukturierter Fragebogen kommen dabei zur Anwendung.

In der *Managerial-Cognition-Literatur* wird zur Erfassung und Analyse individueller kognitiver Strukturen und kognitiver Prozesse (Wahrnehmung, Interpretation) als methodische Herangehensweise dominierend *die Erstellung kognitiver Landkarten* verwendet. In den relevanten Studien wird zumeist der Begriff des „cognitive mapping" oder „causal (cognitive) mapping" bzw. „cognitive maps" verwendet. Deren häufige methodische Verwendung und große Popularität stammt vor allem aus ihrer einfachen Anwendung gegenüber anderen Techniken wie z. B. der Repertory-Grid-Technik. Swan[14] beschreibt „causal cognitive mapping" als *„a set of techniques that are used to try and identify subjective beliefs and to portray this"* und behauptet, dass „causal cognitive mapping" als ein reliables Hilfsmittel geeignet erscheint, um das Mindset eines Managers zu entschlüsseln. Der generelle Ansatz des „causal cognitive mapping" besteht darin, Aussagen von Individuen über subjektive bedeutungsvolle *Konzepte und kausale Beziehungen* in verschiedene Problembereiche zu extrahieren und diese Konzepte und Beziehungen in einer Art visuellen Kausalitätskarte abzubilden. Sie ist der Überzeugung, dass Causal-Cognitive-Mapping-Methodiken angewendet werden können, um die *subjektiven Überzeugungen der Entscheidungsträger* zu beschreiben und zu identifizieren, so dass sie zu einem späteren Zeitpunkt einer gründlichen Analyse und Reflektion zugänglich gemacht werden können. In Bezug auf strategische Entscheidungsprozesse sind mehrere Vertreter der Meinung, dass durch die Methodik des „causal cognitive mapping" Einsichten in die Natur und Signifikanz des Mindset und die kognitiven Prozesse der handelnden Akteure gewonnen werden können.

Kognitive Landkarten („cognitive maps") werden definiert als *„grafische oder visuelle Repräsentationen von Gedanken oder Sinngebungen, die Menschen in Bezug auf ihr Informationsumfeld haben, welche speziell mit Entscheidungsprozessen in Verbindung stehen"*. In einer ähnlichen Weise konstatieren Weick/Bougon[15], dass das organisatorische Umfeld zumeist in der Psyche des Managers existiert und diese die Repräsentation von kognitiven Landkarten annimmt. Derzeit wird (theoretisch und methodisch) die empirische Möglichkeit angezweifelt, dass Manager ihre aktuelle kognitive Landkarte in ihren Köpfen haben. Es wird jedoch in der Forschungslandschaft der MOC anerkannt, dass kognitive Landkarten als eine „hilfreiche Metapher" herangezogen werden können, um das Mindset des Individuums zu entschlüsseln und zu analysieren. Insofern stellt die *kognitive Landkarte* ein hilfreiches Werkzeug dar, um reflexives Denken, Problemlösungen oder Heuristiken in Entscheidungsprozessen zu erklären und zu beschreiben. In der Managementpraxis dient das Konstrukt der kognitiven Landkarten vor al-

[14] Vgl. Swan (1997).

[15] Vgl. Weick und Bougon (1986)

lem dazu, Individuen bzw. Teams bei der Strategieentwicklung zu unterstützen. In Deutschland beschäftigt sich Olaf Rughase mit diesem Thema. Obwohl kognitive Landkarten im Bereich der MC sehr häufig als Methode angewendet werden, bestehen mehrere *methodologische Einschränkungen*: Die Forschungen über das Abbilden kognitiver Landkarten in einem spezifischen Untersuchungsfeld legen zumeist den Schwerpunkt auf *kausale Ursache-Wirkungs-Beziehungen*, die aus der Sicht der Manager in ihren Denkprozessen eingebettet sind. Der generelle Anspruch dieser Arbeiten ist, dass strategische Entscheidungen auf *Überzeugungen über Kausalitäten* basieren.

Wie bereits erwähnt, bedeutet das Ergebnis einer kognitiven Landkarte nie die gesamte Enthüllung des Mindset, was in der Tat auch unmöglich ist, weil der Manager seine impliziten oder auch unbewussten Annahmen für ein spezifisches Problemfeld nicht reflektiert wahrnehmen kann. Genauso wenig ist das Ziel der kognitiven Landkarten, ein Modell zu erheben, welches aktuelle Kognitionen simulieren kann. Vor diesem Hintergrund erhebt die kognitive Landkarte nur einen Teilausschnitt des individuellen Mindset und stellt weder eine richtige (objektive) noch falsche Repräsentierung der Welt dar.

Eine kognitive Landkarte fungiert wie eine Straßenkarte, welche jedoch dem Fahrer nicht sehr viele Informationen über die Beschaffenheit der Straße gibt. Ebenso wenig kann die Karte darauf hinweisen, wo es zu Verkehrsbehinderungen kommen kann. Mit anderen Worten: Die *kognitiven Landkartentechniken* können das gesamte Mindset im psychologischen Sinn nicht enthüllen bzw. elizitieren, weil ein Individuum nicht alles in Worte fassen kann, was es über ein Informationsgebiet selber weiß. Jedoch bieten sie eine Möglichkeit, geistige Zusammenhänge grafisch abzubilden.

3.3.2 Erhebungsmethoden der Organizational Cognition

Neben der individuellen Ebene gibt es in der Literatur in den letzten Jahren Bemühungen, Kognition auch auf Gruppen- bzw. auf Top-Management-Team-Ebene, *Unternehmensebene bzw. Organisationsebene* sowie Branchen- bzw. Industrieebene zu erheben. Als brauchbare Methoden haben sich im Laufe der Zeit *Fallstudien* erwiesen. Es gibt mittlerweile einige tiefgehende, langjährige Betrachtungen einzelner Organisationen im Bereich der Untersuchung von Kognition auf der Organisationsebene.

Eine weitere häufig angewandte Methode stellt wiederum die *Cognitive-Mapping-Methode* dar. Sie eignet sich allerdings nur bedingt als Messmethode auf der organisationalen Ebene. Doch können *Gruppenkognitionen* mithilfe von

Gruppenkausalitätsmapping untersucht werden. Hierbei wird entweder der Durchschnitt individueller Karten errechnet oder, besser, eine Analyse mittels Gruppenkausalitätskarten, die sich als Resultat von Gruppendiskussionen herausbilden, durchgeführt. Das Erfassen und das Verständnis von Kognitionen auf der Organisationsebene kann grob gesehen mittels zweier verschiedener Herangehensweisen erfolgen. Die erste aggregiert die messbaren Mindsets, Prozesse oder Stile von Einzelpersonen. Die zweite versucht, Variablen zu finden, die in einer Organisation existierende kollektive Kognitionen repräsentieren. *„Möglichkeiten hierfür bieten sich bspw. bei der Analyse der in einer Organisation verwendeten Kommunikationswege (top-down oder bottom-up), Kommunikationsformen (offen, verdeckt, hierarchisch etc.) der jeweiligen Identität oder der Kultur eines Unternehmens.“* Die oben genannten Methoden werden hauptsächlich mittels *großzahliger, quantitativer Erhebungen und Analysen* durchgeführt. Zusätzlich gibt es verschiedene qualitative Forschungsmethoden, um Kognition auf der organisationalen Ebene zu messen. Dazu zählt neben den Fallstudien auch eine Kombination aus einer Vielzahl unterschiedlicher Erhebungsmethoden (z. B. un- bzw. halbstrukturierte Interviews, Beobachtungen, Feldnotizen), die in weiterer Folge entweder durch *qualitative oder durch quantitative Inhaltsanalysen* ausgewertet werden.

4 Erkenntnisse für das Management

Dieser Beitrag ist aus dem Interesse an psychologischen Themen im Bereich Management entstanden und bewegt sich an der Schnittstelle zwischen Kognitionspsychologie und dem Internationalen Management. Er beschäftigt sich mit Themen der Personalentwicklung und Organisationsentwicklung, die ein Unternehmen hin zu einer globalen Unternehmung führen sollen. Der Beitrag zeigt aber vor allem die Voraussetzungen für das Thema Global Mindset auf, indem die *kognitionspsychologischen Grundlagen* der Forschung des Global Mindset dargelegt werden und deren Bezüge zu Personalentwicklungsmaßnahmen, die beim Manager ansetzen, um ein Global Mindset zu entwickeln und zu kultivieren. Die in diesem Beitrag vorgestellten Grundbegriffe der Kognitionspsychologie sind wichtig für ein tieferes Verständnis der kognitiven Strategie- und Managementforschung, der sogenannten Managerial and Organizational Cognition.

Auch das Konstrukt des „Global Mindset" ist hier verankert. Es kann mit einer Wissens- bzw. Kognitionsstruktur verglichen werden und stellt ein vereinfachtes „Abbild der Wirklichkeit" dar. Es beinhaltet ein fundiertes Wissen über ein Themengebiet. Ein Mindset besteht aus Lebenserfahrung, Emotionen, Motivationen, Werten, Annahmen, dem Beruf, der Ausbildung und Erziehung, dem Arbeitsumfeld, der Berufserfahrung und der Kultureinbettung. Das heißt, das Mindset ist ein Produkt der Vergangenheit und entwickelt sich durch einen schrittweisen Prozess. Das aktuelle Mindset kontrolliert die Auffassung und Interpretation neuer Informationen. Solange die neuen Informationen mit dem aktuellen Mindset übereinstimmen, werden wir darin bestärkt. Sobald aber neue Information nicht mit dem aktuellen Mindset übereinstimmt, verweigern wir die neue Information oder wir ändern unser Mindset. Es existieren etablierte Forschungsmethoden, die ein Mindset auf der Individual- (Managerial Cognition) und Organisationsebene (Organizational Cognition) messen können, wie etwa das Cognitive Mapping, sowie korrespondierende Analyseprogramme und Managementworkshop, die Mindsets entschlüsseln können.

J. Hruby, T. Hanke, *Mindsets für das Management*, essentials,
DOI 10.1007/978-3-658-06326-9_4, © Springer Fachmedien Wiesbaden 2014

Literatur

Eden, C. (1988). Cognitive mapping: A review. *European Journal of Operational Research, 36*, 1–13.
Eden, C. (1989). Using cognitive mapping for strategic options development and analysis (SODA). In J. Rosenheld (Hrsg.), *Rational analysis for a problemativ world* (S. 21–42). Chichester: Wiley.
Eden, C. (1992). On the nature of cognitive maps. *Journal of Management Studies, 29*(3), 261–265.
Eden, C., & Ackermann, F. (1998). *Making strategy: The journey of strategic management.* London: Sage.
Eden, C., & Spender, J. C. (1998). Managerial and organizational cognition: Theory, methods and research. London: Sage.
Eden, C., Jones, S., & Sims, D. (1979). *Thinking in organisations.* London: Macmillan.
Eden, C., Ackermann, F., & Cropper, S. (1992). The analysis of cause maps. *Journal of Management Studies, 29*(3), 309–324.
Fiske, S. T., & Taylor, S. E. (1991). *Social cognition* (2. Aufl.). New York: McGraw-Hill.
Gilbert, D. T., Fiske, S. T., & Lindzey, G. (1998). *The handbook of social psychology* (4. Ausgabe). Boston: McGraw-Hill.
Hodgkinson, G. P., & Sparrow, P. R. (2002). *The competent organization: A psychological analysis of the strategic management process.* Buckingham: Open University Press.
Hruby, J. (2009). Kognitionsstrukturen und internationale strategische Entscheidungsprozesse von MangerInnen in Europas 500 schnell wachsenden KMU. *Unveröffentlichte Dissertation.* Graz: Karl-Franzens-Universität.
Markus, H., & Zajonc, R. B. (1985). The cognitive perspective in social psychology. In G. Lindzey & E. Asonson (Hrsg.), *The handbook of social psychology* (S. 137–230). New York: Random House.
Poole, P. P., Gray, B., & Gioia, A. D. (1990). Organizational script development through interactive accomodation. *Group and Organization Studies, 15*, 212–232.
Probst, G. J., & Büchel, B. (1998). *Organisationales Lernen: Wettbewerbsvorteil der Zukunft.* Wiesbaden: Gabler.
Schneider, S., & Angelmar, R. (1993). Cognition in organizational analysis: Who's minding the store? *Organization Studies, 14*(3), 347–375.
Sims, H. P. (1986). Leading self-managed groups: A conceptual analysis of a paradox. *Economic and Industrial Democracy, 7*(2), 141–165.

J. Hruby, T. Hanke, *Mindsets für das Management*, essentials,
DOI 10.1007/978-3-658-06326-9, © Springer Fachmedien Wiesbaden 2014

Skinner, B. F. (1938). *The behaviour of organisms.* New York: D. Appleton-Century Company, Inc.

Smith, R., & Machie, D. M. (2007). *Social psychology* (3. Aufl.). New York: Psychology Press.

Sparrow, P. R. (1999). Strategy and cognition: Understanding the role of management knowledge structures, organizational memory and information overload. *Creative and Innovation Management, 8*(2), 140–148.

Stubbart, C. (1989). Managerial cognition: A missing link in strategic management research. *Journal of Management Studies, 26*(4), 325–348.

Swan, J. (1997). Using cognitive mapping in management research: Decisions about technical innovation. *British Journal of Management, 8*(2), 183–198.

Thomae, M. (2008). Organisationale Kognition als Steuerungsgegenstand. Eine Konzeption des Wissensmanagement aus Sicht der Kognitiven Organisationsforschung. Abgerufen am 17. Juni 2011 von Uni Konstanz: http://kops.ub.uni-konstanz.de/bitstream/handle/urn:nbn:de:bsz:352-opus-64722/Diss_Thomae.pdf?sequence=1

Tversky, A., & Kahneman, D. (1982). Judgement under uncertainty: Heuristics and biases. In D. Kahneman, P. Sloviv, & A. Tversky (Hrsg.), *Judgement under uncertainty: Heuristics and biases* (S. 3–20). Cambridge: Cambridge University Press.

Walsh, J. P. (1995). Managerial and organizational cognition: Notes from a trip down memory lane. *Organizational Science, 6*(3), 280–322.

Walsh, J. P., & Ungson, G. R. (1991). Organizational memory. *Academy of Management Review, 16*(1), 57–91.

Weick, K. E., & Bougon, M. G. (1986). Organisations as cognitive maps: Charting ways to success and failure. In H. P. Sims & D. A. Gioia (Hrsg.), *The thinking organization* (S. 102–135). San Francisco: Jossey.

Wrona, T. (2008). Kognitive Strategieforschung: State of the Art und aktuelle Entwicklungen. In T. Wrona (Hrsg.), *Strategische Managementforschung: Aktuelle Entwicklung und internationale Perspektiven* (S. 43–75). Wiesbaden: Gabler.